AF360271

OBSERVATIONS

DE LA

MUNICIPALITÉ

DE LYON,

Sur un Mémoire présenté au Directoire du Département de Rhône et Loire, par les RR. PP. de l'Oratoire, desservans le College de la Trinité de Lyon, et sur un imprimé non signé, intitulé : *Les PP. de l'Oratoire du College de la Trinité, à leurs Concitoyens.*

1791.

OBSERVATIONS

DE LA

MUNICIPALITÉ

DE LYON,

Sur un Mémoire présenté au Directoire du Département de Rhône et Loire, par les RR. PP. de l'Oratoire, desservans le College de la Trinité de Lyon, et sur un imprimé non signé, intitulé : *Les PP. de l'Oratoire du College de la Trinité, à leurs Concitoyens.*

————

La Municipalité de Lyon a reçu, par l'intermédiaire du district, un mémoire présenté au directoire du département, au nom des PP. de l'Oratoire, desservans, est-il dit, le college de la Trinité de Lyon.

(2)

Ce mémoire ne contenant que des déclamations outrées, sans spécifier aucune réclamation déterminée, sans exposition d'aucun fait, ne mérite pas par lui-même une explication suivie et méthodique ; il suffit, pour y répondre, de déclarer que la municipalité, incapable de la tyrannie et de la vexation qu'on lui reproche, n'a point fait apposer des scellés sur les propriétés des PP. de l'Oratoire.

Mais, à ce mémoire, est joint un manuscrit non signé, qui paroît être la minute d'un imprimé que les PP. de l'Oratoire ont distribué dans cette ville, intitulé : *Les PP. de l'Oratoire du college , à leurs concitoyens,* écrit qu'on a cru, jusqu'à présent, ne pas être l'ouvrage de ces Peres, et qui a été abandonné au mépris qu'il devoit inspirer.

Cependant, si les PP. de l'Oratoire n'ont pas tout-à-fait osé signer cet écrit, ils ont osé, au moins, le présenter, comme devant suppléer à l'insuffisance de leur mémoire, absolument dénué de l'exposition des faits qui en ont été l'objet.

. La municipalité est donc dans la nécessité de réfuter tout à la fois, et un écrit non signé, aujourd'hui tacitement avoué par les PP. de l'Oratoire, et le mémoire de ces Peres : ils désavoueront

l'écrit non signé, on a lieu de s'y attendre ; ils prétendront que la municipalité s'éleve contre un fantôme qu'elle crée
ou sort de la poussiere : ils auront raison ;
mais si la municipalité se taisoit sur cet
écrit, si elle ne s'élevoit que contre un
mémoire insignifiant et silentieux sur les
faits, alors on opposeroit à la municipalité, que l'écrit non signé ayant été imprimé, distribué, et joint au mémoire
des PP. de l'Oratoire, méritoit une ré-
ponse.

Dans cette alternative adroitement mé-
nagée, le parti le plus sûr est de ne rien
laisser en arriere, de tout combattre, et
de briser jusqu'aux armes secrettes qui,
quelquefois, sont les plus meurtrieres.

Il importe à cet effet, de commencer
par se former une juste idée de l'état
civil et politique dans le college de la
Trinité, des citoyens qu'on appelle les
Peres de l'Oratoire.

A en juger par leur ton, par leurs propos, et sur-tout par leurs déclamations,
on croiroit entendre des propriétaires,
sinon individuels au moins en congrégation, soit des bâtimens du college de
la Trinité de Lyon, soit du mobilier et
de toutes les dépendances.

Cependant, c'est toute autre chose ;

et les raisonnemens, ou plutôt les dia-
tribes de ces PP. sont en opposition avec
la qualité qu'eux-mêmes ils ont prise dans
leur mémoire.

Comment s'y sont-ils qualifiés? *les PP.
de l'Oratoire, desservans le college de la
Trinité de Lyon :* (ce sont eux qui parlent)
en effet, le college a toujours appartenu
à la commune, aujourd'hui à la nation ;
il a été construit aux frais de la commune, sur le terrein de la commune, et
meublé par la commune ; les PP. de l'O-
ratoire sont dans cet édifice des citoyens
utiles à la commune, logés et salariés
par elle ; ils y sont ce qu'y étoient les
professeurs à gages, qui ont remplacé
les ci-devant Jésuites, et qui ont à leur
tour été remplacés par les PP. de l'O-
ratoire ; ils y sont ce que sont au college de Notre-Dame, les professeurs de
ce college ; ils y sont, enfin, ce qu'ils
se disent eux-mêmes, des desservans, et
rien autre.

Leur réunion en congrégation peut
faire admettre un autre caractere à la
possession où ils sont des bâtimens et
immeubles formant le patrimoine de la
congrégation ; par exemple, leur maison
dite de l'Institution, rue Vieille-Monnoie,
ce n'est pas ce dont il s'agit, il n'est ici

question que des droits des PP. de l'Oratoire sur le college de la Trinité, dont ils ne sont et avouent n'être que les *desservans*.

Les 28 et 29 septembre on étoit instruit dans Lyon que l'organisation de l'éducation publique occupoit l'Assemblée nationale ; on connoissoit le projet du comité, on attendoit la nouvelle du décret ; et, pour nous servir de l'expression d'un pere de l'Oratoire, *la hache étoit levée sur l'Oratoire.*

Les PP. de l'Oratoire du college ont cru qu'il n'y avoit pas de temps à perdre, et ils ont voulu en profiter ; ils l'ont employé à dévaster, non la maison d'institution appartenante à la congrégation, ce qui eût été repréhensible, mais le college de la Trinité, qui n'appartient pas à cette congrégation, et dont elle n'est que la gardienne et la dépositaire.

Les PP. de l'Oratoire, dans la vue d'excuser cette déprédation, racontent, dans leur écrit non signé (page 2, ligne 5 et suivantes) *qu'ils ont cru pouvoir vendre, pour subvenir à leurs dépenses, quelques effets vieux, usés, hors de service, et d'autres que les circonstances leur rendoient dispendieux, ou du moins inutiles.*

Ce peu de mots renferme deux assertions mensongeres , sur lesquelles l'auteur auroit dû un peu réfléchir avant de, hasarder le défi bien exprimé, page 8 dudit écrit , en ces termes : *voilà les faits, les PP. de l'Oratoire défient la municipalité de leur donner un démenti légal.*

S'ils ont vendu, c'est, suivant les PP. de l'Oratoire, parce qu'ils étoient au dépourvu et à la veille de manquer de subsistance ; aussi ils concluent dans leur mémoire (art. 4) *à ce que la municipalité soit contrainte de leur payer des honoraires stipulés, refusés depuis plus d'un an, sous des prétextes que des administrateurs devroient rougir d'alléguer.*

Il semble, à entendre ces véridiques instituteurs de notre jeunesse, il semble, disons-nous, que les PP. de l'Oratoire sont réduits aux derniers abois de la misere ; il semble que la municipalité, nantie d'un trésor inépuisable, est cependant restée spectatrice inhumaine et sans pitié de leur détresse ; il semble sur-tout que c'est par le fait des administrateurs que les créanciers les plus légitimes, et malheureusement les plus nécessiteux, sont privés momentanément, mais trop long-temps, sans doute, des ressources sur lesquelles ils ont dû compter.

A quelles mains donc est confiée l'éducation de notre jeunesse ! Quelles funestes leçons peuvent lui donner ceux qui osent se permettre des calomnies et des impostures aussi atroces !

Il est notoire que l'effet inévitable de la révolution, et non la conduite des administrateurs, a réduit la commune à la triste nécessité de suspendre l'acquittement de ses dettes : dans cet état, dire que les administrateurs *devroient en rougir*, c'est les calomnier.

Il est notoire que la congrégation de l'Oratoire est dans l'opulence, au moins dans l'aisance; donc, lorsque les membres de cette congrégation disent qu'ils ont cru pouvoir vendre pour subvenir à leurs dépenses, alors ils en ont imposé.

Il est de fait, il est prouvé par un procès-verbal du 19 avril 1791, que la caisse de l'intérieur du college avoit plus de 13,000 liv. on y a versé depuis les loyers échus à la Saint-Jean derniere, 10,500 liv. ou environ; donc l'allégation d'un besoin urgent est une imposture de plus en plus manifeste.

Il est reconnu que lorsque la desserte du college a été confiée à l'Oratoire, les classes étoient établies sur la partie extérieure des bâtimens; la congrégation a établi ces classes dans l'intérieur ; les pourtours ont été convertis en boutiques, magasins , ou appartemens , dont le produit excede de 14 ou 16,000 liv. par année ; les capitaux dûs pour les frais des réparations , dont la cessation ou la suspension d'un honoraire annuel de 9,000 l. a cependant laissé l'Oratoire dans un état plus florissant et plus avantageux qu'il n'avoit été présumé dans le principe ; donc l'indécence avec laquelle ces PP. réclament cet honoraire est intolérable ; donc , surtout, le prétexte qu'ils invoquent est une imposture.

Elle est formelle cette imposture, et n'est pas la seule ; *ils ont cru*, disent-ils, *pouvoir vendre quelques effets vieux , usés, hors de service :* ici leur confusion doit être à son comble ; le scellé est apposé sur une partie des infirmeries ; les commissaires de la municipalité attestent que sous ce scellé qu'ils ont apposé , on trouvera liés , déplacés , prêts à être enlevés , au lieu d'effets *vieux et usés*, les meilleurs lits des infirmeries. Il est facile et sûr d'en imposer sur de vains propos , mais ceci est matériel et palpable.

Il est constaté qu'il a été vendu pour 1,200 liv. d'argenterie de la sacristie , qu'une autre partie de l'argenterie a été partagée.

Il est constaté que les PP. de l'Oratoire ont vendu les exemplaires en feuille de livres classiques, une forge et les ustenciles nécessaires pour le cabinet d'instrumens de physique ; sont-ce là des effets *vieux*, *usés* et *hors de service*?

Tous ces objets, disent les PP. de l'Oratoire, sont le fruit de leurs économies dans le college qu'ils desservent.

Quand il en seroit ainsi, quand le fait seroit avéré, tous ces objets, les lits de l'infirmerie, les livres classiques, la forge et ses dépendances, n'étoient-ils pas consacrés au service du college, n'en faisoient-ils pas partie, n'étoient-ils pas devenus par leur destination un dépôt appartenant au public et par conséquent saint et inviolable?

S'il en eût résulté pour la congrégation de l'Oratoire, un dommage sensible, lui étoit-il pour cela permis, au lieu de donner un état de ses recettes et de ses dépenses, au lieu de réclamer une indemnité, lui étoit-il permis, disons-nous, de porter la main sur des effets consacrés à l'instruction publique et à l'éducation de la jeunesse? Lui étoit-il permis de dénaturer et disperser ces effets?

Mais les PP. de l'Oratoire oseroient-ils jamais alléguer, que le college qu'ils desservent depuis vingt-huit années, leur a été à charge ?

Ils ont retiré annuellement des locations. . . . . 21,000 liv.

Il leur a été payé annuellement par la commune. . 9,000

Par l'administration des colleges, . . . 7,000

Il leur a été fourni un Pensionnat où l'on veut bien ne supposer que 200 pensionnaires et ne porter le bénéfice qu'à 100 livres sur chacun. 20,000

____

57,000 liv.

Sur cette somme il faut déduire les intérêts des capitaux employés pour mettre en état de location les pourtours du bâtiment ; c'est donc à peu près 50,000 livres par année, outre le logement, que la congrégation a reçu pour fournir à l'entretien de dix-sept professeurs, supérieurs et préfets ; dans cet état, que partie des économies de la congrégation ait été employée à des bonifications dans le college, que les lits de l'infirmerie aient été réparés, leur nombre augmenté, qu'il ait été formé un cabinet de physique, établi une forge avec les ustensiles nécessaires, la congrégation, en tout cela, n'a fait que ce qu'elle devoit faire.

Mais en supposant, contre toute évidence, que ces lits, cette argenterie, ces livres classiques, cette forge, et ce qu'on ignore, que tous les effets que les PP. de l'Oratoire ont fait enlever, ne fussent aucunement des dépendances du college, ne suffiroit-il pas qu'ils fussent dépositaires du mobilier du college, pour ne pouvoir en rien enlever, sans avoir préalablement fait vérifier et reconnoître leurs droits?

Le bureau d'administration du college a appris qu'on faisoit des enlevemens; cette connoissance a suffi et dû suffire pour exciter la vigilance des administrateurs; ils ont fait leur dénonciation à la municipalité : falloit-il attendre que le dépôt fût évanoui? Les PP. de l'Oratoire étoient incapables d'en abuser; chacun des officiers municipaux, pris individuellement, aime à le croire, mais la municipalité, au lieu de se livrer à la confiance personnelle de ses membres, ne peut et ne doit suivre que la confiance de la loi, et de l'universalité de ses concitoyens.

Les PP. de l'Oratoire parlent d'une permission qu'ils craignoient, disent-ils, de ne pas obtenir ; ou les PP. de l'O-ratoire avoient droit de disposer, et alors ils n'avoient pas de permission à obtenir, ou ils n'avoient point de droit ; et alors toute permission eut été un abus. Il ne s'agissoit donc pas de permission, il s'a-gissoit de la vérification et de la recon-noissance d'une prétention au moins équi-voque ; avant cette vérification, l'enle-vement le plus léger, le plus indifférent en soi a été une voie de fait répréhen-sible, qui a nécessité les précautions les plus exactes.

Fait et arrêté le 8 octobre 1791, au Conseil Municipal, où étoient :

M. VITET, Maire ;

MM. MAISONNEUVE, CHARMETTON, BERTHELET, CARRFT, COMBE-PACHOT, NIVIERE-CHOL, ARNAUDTISON, SICARD et LEMELLETIER, Officiers municipaux.

M. BRET, Procureur de la Commune.

Extrait.

Signé, LECAMUS, Secrétaire-Greffier.

PIECES

JUSTIFICATIVES.

Procès-verbal dressé le 29 septembre 1791, par MM. les Administrateurs du College.

CEJOURD'HUI vingt-neuf septembre mil sept cent quatre-vingt-onze, au bureau d'administration des colleges de Lyon, y étant MM. Pressavin, officier municipal ; Lemontey, substitut du procureur de la commune ; Frossard, administrateur du district ; Marrel et Billemaz, notables, et Davalon, tous administrateurs ; mesdits sieurs, informés que les prêtres de l'Oratoire, tenant le grand college et le pensionnat, font enlever des effets, se sont déterminés à faire une visite des appartemens dudit college ; et parvenus, accompagnés de M. Blain, supérieur, aux salles de l'infirmerie, ils ont vu plusieurs lits disposés en forme de ballots, et un domestique, travailler à arranger ainsi les autres ; MM. ont demandé à ce domestique, de quel ordre il faisoit cet arrangement, a déclaré que c'étoit par ordre de MM. de l'Oratoire. MM. ont demandé à M. Blain, quelle étoit l'intention de sa congrégation ; il a déclaré que lesdits lits avoient été vendus, et que la congrégation vouloit les livrer, parce qu'ils lui appartenoient. MM. ont représenté que, sous un double point de vue, la congrégation ne peut rien enlever; d'abord, parce qu'elle a des dettes dont le bureau a répondu; en second lieu, parce que la nation doit être propriétaire de tous les biens de la congrégation, puisqu'elle fera vraisemblablement des traitemens aux individus. MM. ont demandé à M. Blain si on n'avoit encore rien enlevé; il a avoué que la congrégation ou les prêtres de la maison avoient fait enlever des imprimés pour livres classiques. MM. lui ont demandé s'il n'avoit rien été enlevé de plus; il a dit qu'il n'avoit pas connoissance de plus grands enlevemens. MM. ayant fait appeller Joseph Pernet, concierge du bureau, ils lui ont demandé, et l'ont interpellé de dire s'il a connoissance de quelques enlevemens; il a dit qu'il a vu les dispositions des lits dont nous venons de parler; qu'il ne s'est apperçu d'aucun enlevement, si ce n'est qu'il a vu ce matin un homme emporter une balle; qu'il ne sait ce qu'elle contenoit. MM. s'étant transportés dans les différentes parties de la maison, et notamment aux portes de la sacristie, de la bibliotheque, du médaillier et du cabinet de physique, ont trouvé toutes lesdites portes fermées; M. Blain a déclaré que différens prêtres du pensionnat avoient lesdites clefs, et étoient à la campagne, et que la balle dont il vient d'être parlé, contenoit des livres classiques. MM ayant interpellé M. Blain de dire où lesdits livres ont été portés; il a dit que c'est chez un M. Reynal, dans le voisinage; que les prêtres de la maison ont nommé des commissaires pour veiller à la disposition du tout, et à l'exécution de la délibération prise par la communauté; que les commissaires sont les PP. Lafite, Mollet, Rubert, Boichat : ce vu, et pour la sûreté de tous les effets qui sont dans les deux maisons dont il s'agit, MM. ont députe M. Lemontey auprès de MM. les officiers municipaux, pour les inviter à y envoyer une garde; de tout quoi a été dressé le présent procès-verbal, lesdits jour et an; et ont mesdits sieurs, signé avec M. Blain. MM. informés de nouveau qu'il avoit été vendu de la vaisselle d'étain, et tout ce qui étoit dans la boutique de serrurerie, ont demandé à M. Blain s'il avoit connoissance de l'enlevement de ces objets; il a dit qu'il en a eu connoissance; et MM. lui ont observé que ce fait le met en contradiction avec ses premieres réponses. MM. lui ont demandé s'il y a quelque temps que la délibération dont il a parlé, a été prise ; il a répondu qu'il y avoit long-temps. MM. ont clos le présent procès-verbal que M. Blain a refusé de signer, et s'est retiré.

Signé, PRESSAVIN, MARREL, BILLEMAZ et DAVALLON.

Procès-verbal du même jour, dressé par MM. les commissaires de la municipalité.

CE JOURD'HUI vingt-neuf septembre mil sept cent quatre-vingt-onze, nous Jean-Baptiste Pressavin, François Bret, procureur de la commune, et Billemaz, notable, ensuite d'une dénonciation faite au bureau d'administration des colleges, et de la remise du procès-verbal dressé à cet effet, par MM. Pressavin, Billemaz, Davallon et Marrel, administrateurs dudit bureau, faite à la municipalité, de l'enlevement que MM. de l'Oratoire faisoient faire de divers effets qu'ils avoient vendus ; nous nous sommes transportés audit college pour vérifier les différentes salles d'où l'on avoit enlevé les effets. Nous avons interpellé le supérieur de ladite maison, auquel se sont adjoints six autres Peres, de nous conduire dans la salle de l'infirmerie, où étant, nous avons reconnu plusieurs lits démontés, qu'ils nous ont déclarés avoir vendus, et prêts à être enlevés. Nous avons, de suite, apposé le scellé de la municipalité sur quatre portes qui communiquent à ladite infirmerie, et nous leur avons fait reconnoître le cachet ; nous nous sommes ensuite rendus à la sacristie, où nous avons reconnu quatre calices, deux ciboires, y compris celui qui étoit dans le tabernacle ; un ostensoir, et un vase contenant les Saintes-Huiles ; delà, nous avons été dans la salle servant à l'entrepôt de la forge, où nous avons trouvé tous les effets et ustensiles enlevés ; nous nous sommes ensuite transportés dans le cabinet de physique, où nous n'avons reconnu aucune expoliation ; nous nous sommes retirés sans apposer le sceau de la municipalité sur lesdites salles. Dont et du tout nous avons rédigé le présent procès-verbal, qu'ils ont refusé de signer avec nous.

Signé, BRET, procureur de la commune, PRESSAVIN et BILLEMAZ.

Autre

*Autre procès-verbal dressé le même jour, par MM.
les commissaires du bureau d'administration du
college.*

CE JOUR D'HUI jeudi vingt-neuf septembre mil
sept cent quatre-vingt-onze, nous Jean-Baptiste
Pressavin, officier municipal, et président du bureau des colleges, et Billemaz, notable, et l'un
des administrateurs dudit bureau, ensuite de la
déclaration à nous faite ledit jour, par le sieur
Blain, supérieur de la maison de l'Oratoire de la
Trinité, d'une quantité de livres qu'il a fait porter chez le sieur Raynal; nous nous sommes transportés chez ledit sieur Raynal, chez lequel nous
avons trouvé plusieurs ballots de livres; requis de
nous dire d'où ils provenoient, nous a déclaré
les avoir achetés de MM. du college de l'Oratoire; requis de nous dire s'il n'en avoit pas
acheté d'autres, a répondu qu'il avoit encore
acheté deux cent quarante exemplaires du dic-
tionnaire de Dannet; requis de nous dire pour
quelle somme il en avoit acheté, nous a répondu
qu'il en avoit acheté pour la somme de douze
cent quarante livres. De tout quoi nous avons
rédigé le présent procès-verbal. A Lyon, lesdits
jour et an; et avons signé.

Signé, PRESSAVIN et BILLEMAZ.

Verbal d'apposition de scellés sur la bibliotheque,
et sur le cabinet de médailles et de physique.

EN conséquence de la délibération prise cejour-
d'hui 29 septembre 1791, dans la séance du corps
municipal; nous Louis Vitet, Maire; Jean-Baptiste
Pressavin, officier municipal; François Bret, procureur de la commune, nous nous sommes transportés, assistés de Gabriel-Etienne Lecamus, gref-
fier de la municipalité, dans la maison du college
de la Trinité, et nous nous sommes fait conduire
dans la bibliotheque, le cabinet de médailles et
antiquités, et le cabinet de physique; et après
avoir reconnu l'état desdits cabinets et bibliotheque, dont nous nous sommes fait remettre les
clefs; nous avons fait apposer les scellés de la
municipalité sur les portes, et nous nous sommes ensuite rendus à l'observatoire, dont la pre-
miere porte s'étant trouvé fermée, et n'ayant pu
nous la faire ouvrir, attendu qu'elle étoit fermée
en dedans par un domestique qui, étant couché
au haut de la tour dudit observatoire, n'a jamais pu nous entendre; nous avons signifié au
sieur Blain, supérieur de la maison, de nous pro-
curer l'ouverture de ladite porte pour le lende-
main; et nous avons du tout dressé procès-verbal,

et nous nous sommes retirés. Fait à Lyon, le 29 septembre 1791, à huit heures du soir.

Signé, VITET, maire ; PRESSAVIN, BRET, procureur de la commune, et LECAMUS, secrétaire-greffier.

Verbal d'apposition de scellé sur l'observatoire.

CEJOURD'HUI trente septembre mil sept cent quatre-vingt-onze, ensuite de notre vérification faite au college de l'Oratoire, nous Louis Vitet, maire; Jean-Baptiste Pressavin, assistés de Gabriel-Etienne Lecamus, secrétaire-greffier de la municipalité, nous nous sommes rendus au college de l'Oratoire, pour faire la visite de l'observatoire, où étant montés, nous avons trouvé la principale porte fermée ; nous avons requis le supérieur de la maison de nous en remettre la clef, qu'il nous a dit être entre les mains du pere Lefevre, qui se trouve à la campagne ; en conséquence, nous avons fait apposer les scellés sur l'entrée de la serrure dudit observatoire, et dont nous avons dressé le présent procès-verbal. Fait à Lyon, lesd. jour et an.

Signé, VITET, maire; PRESSAVIN et LECAMUS, secrétaire-greffier.

MÉMOIRE

DES PP. DE L'ORATOIRE,

DESSERVANS

LE COLLEGE DE LA TRINITÉ

DE LYON.

A MESSIEURS

LES ADMINISTRATEURS

DU DIRECTOIRE

DU DÉPARTEMENT DE RHONE ET LOIRE.

MESSIEURS,

LES PP. de l'Oratoire, desservans le college de la Trinité de Lyon, réclament avec instance toute la force et la plénitude de votre autorité, contre le despotisme d'une municipalité (*a*),

(*a*) *Le despotisme d'une municipalité acharnée à leur destruction.* Quels sont donc ces actes de despotisme! Où est manifesté cet *acharnement* à la destruction de l'Oratoire! C'est ce que les PP. de l'Oratoire auroient dû exposer avant d'employer des expressions

acharnée à leur destruction. Ils demandent et s'obstineront à demander à tous les pouvoirs supérieurs, qu'on les rassure enfin pour toujours contre des vexations (*b*) qu'on n'oseroit se permettre contre aucun des citoyens. Ils ne veulent, ils ne sollicitent que ce que la loi promet et garantit à chaque individu, liberté, propriété et sûreté (*c*).

Ils demandent,

1.º Que le département fasse disparoître au plutôt, des scellés apposés chez eux (*d*) sans

odieuses, qui tendroient à priver les premiers magistrats du peuple de la confiance qu'il est si essentiel de leur conserver.

(*b*) *Vexations.* Quelles sont ces vexations!

(*c*) *Liberté, propriété et sûreté.* Par quel acte a-t-il été attenté à la liberté des PP. de l'Oratoire? N'ont-ils pas toujours joui, et ne jouissent-ils pas de la liberté la plus entière? Quant à leurs *propriétés*, le scellé est apposé sur la bibliothèque, sur le cabinet de physique et sur l'observatoire : ce ne sont là, en aucun sens, les *propriétés* des PP. de l'Oratoire, ni considérés individuellement, ni considérés en congrégation; et sous ce dernier point de vue, il eut encore été du devoir de la municipalité d'empêcher la dévastation du mobilier de la congrégation. Quant à leur *sûreté*, la municipalité y a pourvu et dû y pourvoir; les PP. de l'Oratoire, desservans le college, l'avoient compromise par leur conduite; les enlevemens qu'ils s'étoient permis avoient fixé l'attention des citoyens, soit pour la sûreté de ces PP. et pour les garantir des suites de leur imprudence, soit pour empêcher des enlevemens ultérieurs, soit enfin pour rassurer les citoyens sur des craintes trop légitimes, il a été nécessaire de placer, jusqu'après l'apposition des scellés, un corps-de-garde à la porte du college.

(*d*) *Des scellés apposés chez eux.* Les PP. de l'Oratoire, *desservans* le college de la Trinité, sont-ils donc *chez eux*! Non, ils n'y ont jamais été; jamais le college ne leur a appartenu, ils n'en sont que les *desservans*.

Mais, telle a toujours été la politique des corps, d'abuser de droit comme sans motif, sous quelques prétextes dont les plaignans s'engagent a démontrer la fausseté (*e*).

2.º Qu'il frappe de nullité cet acte abusif d'un pouvoir usurpé (*f*) ; qu'il prescrive à la municipalité d'apprendre à connoître et à respecter les loix décrétées par l'assemblée nationale , et sanctionnées par le roi (*g*).

3.º Qu'elle cesse de les troubler dans leurs fonctions, et de s'immiscer dans l'administration de leurs biens (*h*) que des décrets provisoires

l'immoralité des établissemens, équivoquement personnifiés sous des dénominations purement *morales*.

Pour obtenir *la desserte* du college, les PP. de l'Oratoire ont dit que leur congrégation n'étoit qu'une société de citoyens : qu'elle ne ressembloit aucunement aux jésuites , soumis à certains vœux , à certaine domination.

La desserte du college une fois confiée à l'Oratoire, ces PP. ont prétendu , et prétendent encore, que ce college est *chez eux* ; qu'ils peuvent disposer et enlever à leur gré ; qu'il y a *du despotisme* , *de la vexation* à les en empêcher.

(*e*) *Sous des prétextes dont ils s'engagent à démontrer la fausseté.* Cette démonstration devoit accompagner l'interpellation audacieuse de *faire disparoître* un scellé.

(*f*) Le pouvoir de mettre en sûreté les effets d'un college appartenant à la commune , à la nation, ou même (on le suppose) à la congrégation de l'Oratoire, contre les dilapidations pratiquées par quelques membres ; ce pouvoir prétendu USURPÉ n'est pas même un pouvoir, c'est une obligation, un devoir rigoureusement imposé à des administrateurs responsables.

(*g*) *Qu'en prescrive à la municipalité d'apprendre à connoître les loix.* La municipalité les étudie sans cesse, s'en fait gloire, et desire être éclairée.

(*h*) *Que la municipalité cesse de troubler les* PP. *de l'Oratoire dans leurs fonctions, et de s'immiscer dans l'administration de leurs biens.* Les fonctions des PP. de l'Oratoire, desservans le college, consistent à élever et instruire la jeunesse ; qu'ils disent par quel acte la mu leur laissent encore ; qu'elle se borne exactement à l'inspection subalterne que lui permet d'exercer la nature de sa constitution (*i*).

4.º Qu'elle soit contrainte de payer des honoraires stipulés, refusés depuis plus d'un an, sous des prétextes que des administrateurs publics devroient rougir d'alléguer (*k*).

5.º Qu'on restraigne les prétentions ; qu'on surveille rigoureusement les opérations d'un bureau tout dévoué à la municipalité, formé par elle seule, et qui, dans une administration arbitraire, peut aisément sacrifier le bien public à des intérêts particuliers (*l*).

nicipalité les a troublés dans leurs fonctions ! Elle ne s'est présentée aux éleves, qu'à la requisition des PP. , et pour faire cesser une espece d'insurrection qu'ils ont eux-mêmes dénoncée. Quant à leurs biens, ils consistent dans les domaines ou bâtimens appartenans à la congrégation ; qu'ils disent dans l'administration desquels la municipalité s'est immiscée !

(*i*) *Quelle se borne* (la municipalité) *à l'inspection subalterne que lui permet la nature de sa constitution.* Il ne paroît pas à la municipalité que la constitution ait rien établi de *subalterne ;* elle croit au contraire qu'il n'est rien de plus respectable que l'autorité paternelle de chaque pere de famille ; elle croit que l'établissement des officiers municipaux, n'est autre chose que l'extension civile et politique à des magistrats directement choisis par les citoyens d'un canton ou d'une ville, de la même autorité, de la même tendresse et de la même sollicitude que la nature même confie, excite et entretient dans chaque pere de famille, et la municipalité consent, si la loi le veut, que ce soient là des fonctions *subalternes.*

(*k*) On a été obligé, dans le cours des observations, de répondre à cette diatribe.

(*l*) Ce n'est pas la municipalité SEULE, c'est le conseil général de la commune qui, conformément aux loix, a nommé les administrateurs du college, et ces administrateurs sont tous incapables *de sacrifier le bien public à des intérêts particuliers* : on voudroit pouvoir en dire autant des PP. de l'Oratoire, *desservans* le college, qui en

6.º Enfin, par la démarche illégale, injuste, indécente de la municipalité, l'honneur des PP. de l'Oratoire ayant été compromis dans le public, et peut-être leur sûreté personnelle, ils demandent qu'un acte éclatant de justice, de la part des administrateurs supérieurs, contre les violateurs (*m*) des loix et des droits des citoyens, leur rende une considération qu'ils n'ont pas mérité de perdre, considération si précieuse pour tout individu isolé, et si nécessaire à des instituteurs publics (*n*).

Les demandes qu'arrache enfin aux plaignans un système de persécution, sourdement combiné, et manifesté sans ménagement, ont pour motif et pour base, les loix mêmes dont les administrateurs du département sont les principaux dépositaires.

L'assemblée nationale constituante a, par un décret provisoire, conservé aux congrégations séculieres, l'état civil, la jouissance des revenus, le mode d'existence dont elles jouissoient précédemment. Ce décret, bien loin d'être révoqué, se trouve confirmé aujourd'hui par les dernieres délibérations de l'assemblée nationale sur les congrégations chargées de l'enseignement. La municipalité peut-elle refuser de reconnoître ces décrets? Peut-elle les interpréter à sa fantaisie? Où

enlevant des lits, une forge, etc., l'ont fait évidemment *pour leur intérêt particulier*, et au détriment *de l'intérêt public* qu'ils ont *sacrifié*.

(*m*) Les PP. de l'Oratoire sollicitent *un acte éclatant de justice contre les violateurs des loix et des droits des citoyens :* la municipalité peut ici réunir ses sollicitations à celles des PP. de l'Oratoire ; mais qu'ils prennent garde que *les violateurs des droits des citoyens* sont ceux qui se permettoient de disposer, à leur profit, du mobilier d'un college public, et non ceux qui ont mis ce mobilier en sûreté.

(*n*) Il importe en effet que des instituteurs publics soient considérés ; mais c'est à eux à mériter cette considération, qu'on n'obtient pas par des spoliations et des calomnies.

la ville de Lyon forme-t-elle une république oli-garchique, séparée du reste de l'empire (*o*) ?

2.° Les fonds des colleges étant réunis à la masse des biens nationaux, ne sont-ils pas spécialement réservés à l'administration des districts, qui sont seuls chargés de faire l'application des décrets relatifs à cet objet ? Une municipalité a-t-elle droit d'usurper leur autorité, ou de rivaliser avec eux dans l'interprétation des loix qui déterminent le maintien ou l'aliénation de ces fonds (*p*) ?

3.° Obligés par un décret tout récent à continuer des fonctions dont l'importance ne peut être méconnue, les plaignans seront-ils seuls exclus des avantages que la constitution veut assurer à tous les François ? Seront-ils plus vexés, plus avilis que les autres citoyens, parce qu'ils sont plus spécialement consacrés à l'utilité publique, sans pouvoir

(*o*) Qui n'est révolté de l'indécence des questions que se permettent ici les **PP.** de l'Oratoire, desservans le college de la Trinité de Lyon ; ils accusent de révolte, de crime de lèse-nation, le corps entier des représentans directs de tous les citoyens de cette ville ; comment, après cet acte de témérité, l'éducation de la jeunesse pourroit-elle rester confiée aux mains qui ont eu la hardiesse ou la docilité de signer un tel écrit !

(*p*) Les **PP.** de l'Oratoire semblent ici ne pas connoître la hiérarchie des administrations : qu'ils apprennent que toute rivalité funeste est impossible ; que celle qui peut exister ne sera jamais qu'un combat d'émulation ; que la municipalité a l'administration directe du patrimoine de la commune et du college de la Trinité, qui en fait partie, sous la surveillance des administrations supérieures ; que ce college, en devenant, avec les autres immeubles de la commune, une propriété nationale, la municipalité est déléguée par la loi pour veiller à sa conservation ; qu'ils apprennent, enfin, que chacun de nos concitoyens avoit qualité pour arracher des mains spoliatrices, les dépendances d'un établissement public.

espérer de leurs peines la moindre augmentation dans leur fortune ? Ont-ils mérité, par leur incivisme qu'on s'obstine à leur refuser les émolumens stipulés dans des conventions anciennes, et revêtues de toutes les formes légales ? Pourront-ils remplir des obligations si délicates de leur nature, quand ils seront sans cesse tourmentés par des municipaux turbulens (*q*), dépouillés de leurs propriétés les plus légitimes (*r*), rendus suspects à la multitude (*s*), dégradés aux yeux de leurs éleves (*t*), déshonorés auprès des parens qui devroient refuser leur confiance à des hommes capables de supporter lâchement une oppression non moins cruelle que flétrissante?

Les plaignans présentent, avec une franchise

(*q*) *Tourmentés par des municipaux turbulens :* Donc, aux yeux des PP. de l'Oratoire, s'opposer aux spoliations dont ils sont coupables, en arrêter le cours, c'est être *turbulent.*

(*r*) *Dépouillés de leurs propriétés les plus légitimes.* Avant d'enlever il falloit sans doute établir et faire reconnoître cette propriété prétendue, et qui n'existe pas.

(*s*) *Rendus suspects à la multitude :* ce sont les enlevemens qui les ont rendus *suspects* ; aujourd'hui, et depuis l'apposition des scellés, il n'y a plus de soupçon.

(*t*) *Dégradés aux yeux de leurs éleves :* Donc, de leur aveu, ceux qui ont signé le mémoire ne peuvent plus être chargés de l'éducation de la jeunesse : ils sont *dégradés* ; ils l'avouent : c'en est assez.

Qui les dégrade ! Est-ce un scellé apposé, en temps de vacance, sur une bibliotheque qu'on tenoit fermée, sur une salle d'infirmerie, dont les lits, déjà déplacés et liés, alloient être enlevés ; sur un observatoire qui ne leur appartient pas ? Non, tout cela est incapable d'opérer une dégradation ; mais dévaster une maison d'éducation publique, abuser d'un dépôt, calomnier des administrateurs qui ont eu la sagesse d'arrêter le désordre, recourir à l'imposture ; voilà ce qui dégrade ; et les PP. de l'Oratoire, desservans le college de la Trinité de Lyon, ont signé leur arrêt.

nécessaire, ces griefs et ces motifs à la justice des administrateurs supérieurs. Pleins de l'idée et du sentiment de ce qu'ils se doivent à eux-mêmes, comme citoyens et comme instituteurs publics, ils s'attendent à obtenir une réparation qu'ils sont résolus à poursuivre sans se rebuter. Peut-être doivent-ils en   à leur qualité d'instituteurs, de donner l'exemple d'un courage décent mais iné-branlable, contre un plan d'oppression si dangereux pour la société entiere, et si contraire à tous les principes du pacte social. *Signé*, Blain, Biochot, Lefebvre, Roman, Gourju, Mollet, Bilet, Lafite, Menard, Imbert, Salvator, Daburon, Guigou, Mouttet, Lorin, Gaudard, Pagès, Haluison, Petit, Robert, Royer, Roubiez, Hénon, Beauvais, Lauriol, Guerin, Mabille, Prêtres de l'Oratoire; Lassant, Mezel Gambier, Joseph Sauvage, Freres de l'Ora   e.